ΑΪΛΟΥΡΟΣ

Алексей Александров

Не покидая своих мультфильмов

AILUROS PUBLISHING
NEW YORK
2013

Aleksey Aleksandrov
Without Leaving Their Cartoon Movies

Ailuros Publishing
New York
USA

Подписано в печать 14 августа 2013.

Редактор Елена Сунцова.
Художник обложки Ирина Глебова.
Фотография Андрея Пермякова.

Прочитать и купить книги издательства «Айлурос» можно на его официальном сайте:
www.elenasuntsova.com

ISBN 978-1-938781-15-5

* * *

Твари непарные — в катер прогулочный...
Скромной походкой выходит из булочной
Запах такой, что не надо худеть,
Чтоб поместиться, спастись без остатка.
Войлочный коврик, армейская скатка,
Нищенский завтрак, летейская медь.

Знаешь, что скоро отдаст он концы,
Воды проглотят бетонную пристань.
Если вернуться случайным туристом,
Хлебом и солью встречают отцы.
Как уцелели, что делали здесь —
Снег продавали, на солнышке грелись?
Так что прощай, не скучай, моя прелесть,
Тихо живи, на глаза им не лезь.

* * *

Выпить уксуса после укуса
Комара со стальным хоботком —
Раньше времени в город вернулся,
Головы не укутал платком,
Поскользнулся на быстром привете,
Поцелуй предоставив щеке, —
Мимо ехали на драндулете
Два медведя в недавний Чимкент.

Не меняются эти пейзажи,
А проспишь — не узнаешь лица,
И приносит вечерняя стража
Два стальных обручальных кольца.
Как окажешься в городе Энгельс,
Повстречаешь своих пастухов
В пыльном облаке в первой шеренге
С громким запахом сладких духов.

* * *

Медвежонок Ёжику говорит,
Ёжик думает отчего-то вслух.
Наступает осень, и гришковец
Затяжной царапает ухо. Дождь
Отряхнется — капли летят в стекло,
Лает гром, а трещинка пробежит
По китайской вазе — привет жене.
Вот стиральный кончился порошок
И волшебный кончился пузырек,
Только лошадь яблоко подберет,
Совершенно белая в темноте,
Как спина в апреле. Пароля нет,
В новых окнах плещется пустота,
Над страной летает полночный гость
С мегафоном, шепчущим эсэмэс,
И фейсбук пролистывает за день
Там, где пиксель выбитый, как звезда, —
Вот и дождь прошел, словно год прошел.
Медвежонку Ёжик в ответ молчит.

*   *   *

Вылетает из рукава запасная колода дров,
Свежесрубленных для огня в нарисованном очаге.
Говорил мне майор: ать-два! здесь ты будешь александро́в,
Будешь что-нибудь для меня непрекрасное вдалеке.

Там за полем был третий пост, я водил туда часовых.
Непримкнутых со штык-ножом проверяющий зло корил,
Задавал уставной вопрос, но подергался и затих —
Стал он зомби по кличке Шон, синим пламенем всё гори!

В первый раз не убрал рожок, передернул, в трубу пальнул,
Но к утру оживел майор, в небе дырочку заценил.
Так мечтали они костер, что возьми и сыграй в войну.
Но дознаются, кто поджег, не зальешь и ведром чернил.

* * *

С этого начинается твой букварь? —
Сдобная родина лезет на всех дрожжах.
Вкусно с грибами? Еще испечет январь,
Для молчаливых особенно ворожа.

Это монтажная пена, почти глазурь,
Новые окна не портят знакомый вид.
Переживем и холод, вернем июль,
Если тебе о чем-нибудь говорит...

Слоги тебя не слушают, из-под парт
Ноги в каких-то гольфиках расписных.
Ма! — задержи дыхание, выдох: а-р-р-рт!
Вот она, чистая рамочка для весны.

* * *

Из оттенков серого дождевого
В сепию неуверенно сделан шаг.
В воздухе размешанная тревога
С на ветру просушенным сном лежат
На прилавке, плавающем и ватном.
На язык попробовав анальгин,
Говоришь, не чувствуя слов, обратно,
Будто внутрь себя впускаешь дым.

И тогда, как свернутая страница,
Где по краю прыгают интернет-зверьки,
Что-то вспомнится или потом приснится —
Разгораясь, вспыхивают угольки.

* * *

Советские дети идут в гастроном,
За синею птицей по звездам идут,
За красным вином и за белым вином —
И приступом взят предпоследний редут.

А ночь раскрывает свои закрома,
Секретные коды бесплатно сдает.
Покрашено в серое зданье тюрьмы,
И воет сирена, как старый койот.

То хлеб с молоком, то огонь в очаге,
И очередь, словно к оракулу в храм,
Спросить о какой-нибудь нас чепухе,
И тут же расходятся все по домам.

Советские дети заходят на сайт,
Пинают жестянку, где был гуталин —
Расчерчен на клеточки теплый асфальт,
Но цифры рассерженный страж удалил.

И так, помавая авоськой пустой,
Опять появляются из темноты...
И красный фонарь догорает звездой,
И черные вянут и чахнут цветы.

* * *

Рыбаки вырастают из лунок
Кукловодами местной плотвы.
На просвет незатейлив рисунок:
Строят гнезда и вяжут плоты
Или, в норку к теплу проникая,
Ищут там золотое перо —
Это звездочка рыбкой мелькает
И летит, согреваясь, в Перу...
Их стога неподвижные к лету
Разломают кусочками льда
Вслед за заячьей жизнь без билета,
Связь мобильная, путь в никуда.

* * *

Бывало, что, гуляя по Московской,
Я доходил до самого до края
И видел горы, зная, что за ними
Нет ничего, а вправо углубиться —
Там заводские встанут корпуса
Багровые, как тонущий корабль
В дыму и пламени, дрожащем над асфальтом.

Сначала, впрочем, рынок, муравейник,
Тележки, барахолка, овощной,
Сантехника, цветные попугаи,
Косящиеся на тебя, бродягу.
А далее — как ластиком прошелся
Кислотный дождь, властитель городской,
Скажи, в чью чашку нынче это льется?

Бывает, что, проспект пересекая,
Я вижу небо, зная, что за ним
Есть место, где не крошится побелка,
Речной вокзал, кинотеатр Ударник —
Все сохранилось, не хватает нас;
На пять минут опаздывает поезд,
Безоблачное лето бесконечно.

*   *   *

Желтое станет красным, как пропечется,
Словно опара в жарких взойдет лучах.
Менеджер жив поддерживаньем учетца,
Чтобы светильник разума не зачах.

Скучно мне в их теплице, где планы зреют,
Вьются по стеночке кабели-провода.
Будто из храма выгнали назорея
На земляничные пастбища навсегда.

Будет и нам горячо, а пока прохладно.
Кто не откликнулся — в праведной пал борьбе
Или свой сотовый, точно клинок булатный,
В кровь окунуть противника оробел.

Так до хрустящей корочки, до рассветной
Грезы, что улетучится с пеньем птах...
Вот и вари, горшочек, дыми, как Этна,
Вот и не спи с улыбкою на устах!

* * *

Кроме чириканья в ветках прозрачных,
Сонных шагов по глухой мостовой,
Видно, как запах плывет над цветочной
Клумбой и облако шепчет: вставай.

Выдохнешь шар золотисто-кровавый,
Он и покатится в желоб реки
Мимо священной лепешки коровьей,
Окаменевшего вдруг рыбака...

Два светлячка в сигаретном дыму,
Эхо фанерное перегородок
В погребе, кроме последней двери —
Той, за которой клубится прохлада.

Чем за кромешным холодным огнем
Станешь? Как будто, пошарив в предметах,
Выберешь куклу — и ветку нагни,
Чтобы пройти по траве непримятой.

*   *   *

Всплывает кверху брюхом,
Практически мертва,
И не поводит ухом,
Но лапкою едва.

Наверное, виною
Всему, и в том числе,
Как в сказке, наливное,
Наивное во зле.

Такие в эту осень
Поднимутся со дна
Сомнения в вопросе,
Чья польза не видна...

Кораблик в путь отправлен,
И за окошком льет,
И кто из нас отравлен,
Не знаешь наперед.

* * *

Мерзнет волчий хвост-прави́ло,
Потому что, ясен пень,
Что упало, задавило —
Поднимать и править лень.

Иней сыплется с реснички,
Тянет вниз большой улов.
Дверь открылась без отмычки,
А за ней порхают птички
Златоперые без слов...

Не мала, не велика,
Каждая из этой стаи
Книгу новую листает,
Жаль, что не твою пока.

* * *

Запьешь таблетку сентября,
Внутри услышишь колокольчик.
Телега, разбирая почерк,
Несется, тошноту боря,

Где от шестнадцати и млаже:
Вот, скажем, девочка и даже
Вот мальчик, носит ранец он.
В столовой — скудный рацион.

На рынке куплен, во вьетнаме,
Красней на русском, здесь провал.
Линейка школьная с цветами...
Все это было, но не с нами,
Как будто кровь вчера сдавал.

Неважно, жив подарок шефский,
Проигрыватель дивиди.
Скрестивший руки на груди,
Спит возле Липок Чернышевский
И видит все, что впереди.

* * *

Чтобы выпустить пар, надо крышечку,
Чтобы лучше жилось, надо кошечку —
Приподняв, опустить, и тогда легче жить.
Отпускает тогда понемножечку.

А вот гладить ее не советую.
Можно руку обжечь, покорябаться,
Иль в такую историю вляпаться —
Веселее не станет от этого.

*   *   *

Пассажиры города номер три —
А четвертому не бывать пока —
Говорят друг другу: смотри-смотри,
Где листочек вырван черновика,

Там артист, оценщик чужих голов,
Укротитель разных железных штук,
Поклонился, будто всегда готов,
Сверхнапыщенный, как индюк.

Сообщает нам, что молчать сильней,
В поле воин — пугало для ворон
С разноцветным бисером для свиней,
Не вернувшихся с похорон.

Желудь в рост пойдет под большой процент,
А в столицах каменный ходит гость,
С ним контрольный выстрел, пакет, акцент,
Молоточек, в правом колене — гвоздь.

*   *   *

На горячих клавишах с письменами
Флаги, где начертано — ветер, дуй…
Нажимаешь красную — и цунами
Замок твой воздушный, как поцелуй,
Осыпает враз на осенний берег;
Пляжик, где халявный цветет вай-фай,
Ищешь угол спрятаться, т.е. пеленг,
Чтобы без восторга сказать: давай!
Пеною захлебывайся, стихия,
Рви о камни кружево, жемчуг сыпь.

Нажимаешь белую — и сухие
Небеса по ветру пускают зыбь,
Остужая, сыплют с руки песочек,
То покажут парусник вдалеке,
То мучительно, позабыв источник,
Сочиняют выход большой реке.

Обнажает море гнилые десны,
Маячком зеленым горит капслок,
Морячком вразвалочку несерьезно
Ходит птица, сердце берет в залог.

* * *

Кто высидел яйцо аэростата
И скорлупу до крошки истолок,
В ночи выходит на балкон куда-то
И задевает звездный потолок.
Он кораблю взбивает за кормою
Соленый крем и выпекает пляж,
Куда причалить, думает, по морю
Идя зачем-то, как на абордаж,
Насвистывая, двигает рейсшину,
Вполуха разбирая голоса.
И говорит внезапно: стоп, машина! —
И делается, как он приказал.

*   *   *

А девушка съела арбуз целиком,
Он машет хвостом, изменившись в лице,
И скоро залает, как Ростелеком,
О новых тарифах по сниженным це...
Его телевизор пошел полосой,
Аквариум с рыбками разных пород
Сейчас переполнится детской слезой,
Когда на закуску лежит бутерброд
И двушку сожрал телефон-автомат.
Никто не погиб, караоке мыча,
Нас утром развозит такси по домам
Из красного, словно кумач, кирпича.

А там, где мы спим, не бывает других.
Есть сторож в пижаме — усат, бородат,
С винтовки своей не снимая руки,
Он пленку, как в песне, открутит назад,
И в трубке легко запоют голоса
О сниженных ценах, о новых тари...
И вновь по экрану бежит полоса.
И спелый арбуз на ладонях твоих
Уже кровоточит, безумный таксист,
Как рыба, подпрыгнув, сметает хвостом
Со скатерти под оглушительный свист,
И ногу на ножку кладет Шарон Стоун.

* * *

Все валится из рук, как тот еще песочек —
Почасовой тариф с печатью в уголке,
В далеком далеке, пролитом молоке,
У трапа самолета в Сочи.

Нельзя ни сделать шаг, ни отойти.
Хватаешься за паутинку-лучик
И думаешь, как будет лучше,
И тормозишь на полпути.

*   *   *

Остатки праздничных салатов и эхо радиочастот
Стучатся в ямы выгребные, где колосится урожай.
Подземная река Саратов впадает в море нечистот,
Где рыба плавает большая, на голове ее лишай.
Там сваи — как стволы деревьев, и сложный механизм кулис,
Там раздвижные потолки, откуда новости текут,
Выдавливая гниль сквозь щели, с отливом убегают вниз —
И только аварийный зуммер звучит на дальнем берегу.

Ты знаешь, я еще не умер, что удивительно, совсем —
Непроходим, как иностранный со словарем без словаря,
Лудильщик неглубоководный застынет над одной из схем,
И эскадрильи насекомых, гремя хитином, воспарят,
Покатятся по Соколовой живою лавою к реке,
Приподнимая транспаранты, многозначительно молча, —
Мне кажется, что я проснулся и стал, как все они, никем,
Напрасно достает фонарик саратовская каланча.

Останки пряничных окраин, где пахнет огненной водой,
Грибом наваристым, как полдень, многоэтажным, словно торт,
Встают на цыпочки, и Ленин на площади, как молодой,
Рукою каменною машет, смущен и чрезвычайно горд.

* * *

Помнишь киоски, обитые сталью,
И бронебойную водку Асланов? —
Словно мерцание в черном кристалле
Эти слова в исполнение планов.

Все разрешится трубой и насосом,
Синим цветком, торфяными огнями,
Первым каналом, невинным вопросом,
Будущим летом, последними днями.

* * *

Щедрая осень на свадебный торт,
Брызги дождя, что шампанское танго.
Полон отеческих чувств Геродот
И прорицает, как Ваенга-Ванга.
Смуглые персики сгнили давно,
В грецких скорлупах немного извилин,
Тихо по венам течет этанол,
Ухает сердце в груди, точно филин.

Спелая осень уснет невзначай,
Шкурка покроется плесенью быстрой,
Падает снег полушубком с плеча.
Чуть обернешься на медленный выстрел
И ощущаешь знакомый сквозняк,
Едешь, закашлявшись кровью, на воды —
Чье-то лицо, и во мраке возник
Всадник на бледной кобыле Свободы,
Что попирает иссякший родник.

Беглый огонь по притихшим дворам,
Зарево там, где подъемные краны.
Туча горе не идет на таран,
Но уползает зализывать раны
Где-то на дачных, где ржавый трамвай
Мерно ногой ударяет в железку,
Путь зарастает унылой травой
И диафрагма сжимается резко...

* * *

Путеец бронзовый на родине героя —
С рельс не сойти, — и левою ногой:
Трамвай, остановись! как заклинанье шепчет,
Дорогу в новый мир загородив
Весною снежной стадиона Темп —
О нравы, — о полях вечнозеленых
Задумавшись, и мяч попал в авоську,
И никуда не вырвешься — бывает...

А вот еще: киоски с шаурмой,
Гаишники недавние на стреме
Ожогового центра у ворот, —
До кладбища чуть-чуть не доезжая
На дребезжащей, как попса, телеге...

* * *

Непонятки-пряталки, мокрый след,
В снежной каше ложкой стоит солдатик.
Чуть коснешься — гаснет вчерашний свет
И танцует облако на подхвате.
День спешит, отряхиваясь, домой,
Желтый лед выкусывая на лапах,
И пылит просоленной мостовой
Осторожный, словно синица, запах.
А ему навстречу тревожный гул,
Нарастая с горки разбухшим комом, —
Самолет над речкой крылом качнул,
Словно вспомнил, что присягал другому.

*   *   *

Это снег, а у вас молоко убежало
В замороченный полдень просроченных детских
Мокрых варежек, где батарея-огонь,
Поп-звезда после пламенной речи премьера...

Это нас засыпает по пояс во сне
Сквозь отчетливый шорох конфетных оберток,
Сбился с ног отыскать грамотей-окулист
Над подчеркнутой строчкой какие-то буквы.

У деревьев, обрезанных в плотном дыму,
Это паралимпийские зимние игры,
Словно смотрят себя в телевизоре мертвом,
Продышав тишину сквозь заросшую лунку.

*   *   *

Простор, каких сейчас не пишут,
Засахаренный снег куском
Лежит до наступленья теплых
И дружеских, до новых встреч.
Повтор, в связи с уходом в цифру
Заслуженного граммофона
С его слоновьим нежным ухом,
Иглой сосновой, невозможен.

Но есть пути для ретирады
Под своды капельниц апреля,
Где усилительные лампы
Горят, как брошенные танки,
И это навевает мысли
О перепроизводстве звуков.
Простыл, как в сказке не сказать,
Пером щекочущее горло.

* * *

Кот и лиса растрясли буратину,
И золотые гремят за щекой —
Встретились, как города-побратимы,
Разворошили костер кочергой.
Спрячь от греха, говорят деревяшке;
Пьяные слезы негромко текут,
Словно читает стихи по бумажке
В церковь случайно попавший манкурт,
Не вынимая наушник с Кобейном.
Свернут в бумажный пакет микрофон,
Полночь стоит в аромате кофейном,
Ангел летит над горою Афон.

* * *

Боковое зренье выхватит
Тень сбегающего дыма —
Смех игрушечный с подсевшей
Батарейкой, чуть заденешь...

Так взрослеющий внезапно
Узнает о чём-то личном
В изменившемся пейзаже
Кукольного городка.

Лук гусиный, мех собачий,
Часики вокзальной башни...
Только слышишь краем уха,
Как проснулась эта рыба,
Верба распрямляет плечи.

* * *

Кржемилек Вахмурке никак не объяснит на пальцах,
Отчего в отечестве так остро пахнет тухлым
В рыбный день, где — с добрым утром, говорю, утешься, —
Никогда тебя я не забуду, не увижу, пели.
Мирустройства медленный подробный механизм,
Эти шестерни, они ведь до сих пор так и вращаются на даче.
Их железное жужжанье втуне пропадает, чтобы мед речей
Тек рекой, а после сам намазывался на остывший хлеб.
Болек Лёлеку молчит в ответ о заговоре почтальонов
И лечебных свойствах грязи голубой как будто...
В то же время, как их Рекс спасает живность,
Отчего мне так темно, когда навстречу ты идешь по переулку?

Ирису

Касатик радужный, голубчик, петушок,
О чем известие, какие боги шепчут
Тебе на ухо сладостный стишок,
Пока роса лежит в пыли, как жемчуг?
Пока сестра витает в облаках,
Она к грозе едва спустилась ниже,
Все этажи вприпрыжку проскакав —
Скажи мне, что сейчас увижу,
Где вслед за вспышкой щелкает затвор?
Стозевно чудище, но соберет до капли,
Не расплескав, распахнутый простор,
Когда река исполнит танец с саблей.

* * *

Ночная птица хочет выпить,
На волю выпустить себя,
Как будто спица хочет выпасть,
Без сна минуты не стерпя.
У чтицы тоже закавыка —
Глаза слипаются, плывут...
Останется нажать на выкл
Тому, кто бодрствует тут.

* * *

О привет, — говорит в зазеркалье своем,
В облаках никотиновых, в погребе теплом.
То ли дело железные крючья в прихожей
Детства, впрочем, счастливого, как и у всех,
Кто стоял за подачкою, весь этот джаз
Выдыхая сквозь дыры картинки киношной,
Эти спицы стальные во сне вспоминая
Вместе с лужей натаявшей, храм-планетарий,
Где картавое эхо над чудо-машиной.

*　*　*

Во дворе сгущаются шаги,
В миллиметрах возле объектива
Облака, как майские жуки,
В радужных летают перспективах
Там, где остановлены во всей
Красоте, спасающей унылый,
Словно краеведческий музей,
Пыльный садик в ожиданье силы,
Могущей часы перевернуть,
Чтоб потек накопленный песочек,
Чтоб осталась неизменной суть
Между двух произнесенных строчек.

За секунду до непробужденья
Говорят нам — есть другое мненье,
Так, парок над колбой дистиллята, —
Горизонт вдруг делается чист,
Но отсюда только ветра свист
Разбирают правнуки Арбата.

* * *

Шаурмы необрезанный кокон,
Планетария праздничный купол,
Купишь пива и выйдешь за угол —
Там деревья в молчанье глубоком,
Будто легкие после рентгена,
Просветленные, с тихим укором.
Эта осень — лиса патрикевна,
Медсестра с несмертельным уколом.

Можно выменять шило на мыло,
Оседлать своенравного мула,
Но река к обещаньям остыла
И сбежавшую лодку вернула.
Тихо бабочка бьется о сферу,
Хлеб и мясо готовятся к смерти,
В небесах, в клочьях облака серых
Солнце с рыжей усмешкою светит.

* * *

Здесь все норовит подойти к нулевой
Отметке, какой бы стыдился дневник
В любой из твоих социальных сетей,
Куда второпях наши дети зовут;
Здесь все коченеет при мысли о днях
Последних, согласно их календарю.
Поэтому и троекратно в Москву
Отправив посылкою с проводником,
Сестра моя жизнь молчалива, как брат,
А что по-немецки все так же звучит,
Уложится в восемь назначенных строк
О свойствах, об этом отдельным письмом —
Без марки, со штемпелем белый конверт.
Здесь все происходит как будто с другим,
Неспешно, границу не переходя, —
Как некая функция ось ординат.
На крылышко бабочки график похож...

* * *

Дирижабль императора в небе отчизны
Шевелит плавниками в закатном огне,
У него на губе след от марки акцизной,
Маскируемый пластырем к новой войне.

Зацепило, и вверх уплывает солдатик,
Удивляется вслух, что улов небогат.
В черных окнах, украшенных к праздничной дате,
Отражается золотом шитый плакат.

Почтальоны разносят, кому не хватило,
В аккуратных бутылочках медленный яд,
И пируют сверчки в опустевших квартирах,
И на площади мертвые флаги стоят.

*   *   *

Если кого-то не слишком громко ночью зовут под твоим окном,
Это приходит, как похоронка, первая ласточка в мирный дом
С ведрами импортных абрикосов, полными бедрами покачав, —
Есть у нее миллион вопросов, ты уж, пожалуйста, отвечай.

Зря, что ль, спустилась она? Озоном, значит, недаром вчера несло...
В августе звезды считает сонно девушка, позабыв весло...
Что же щебечет сей буревестник, что означает ее прилет
В новые сени с унылой песнью, если не смерть? Но она соврет —
Скажет, что пишут, споет о лучшем дне, поджидающем за углом —
И не погаснет надежды лучик, даже за левый попав уклон...

Плещется водка на дне графина, день начинается с пустяка,
Разные звери своих мультфильмов не покидают, течет река,
Тени короче, дорога ближе, пазик ныряет за поворот,
Дождь, как собака, лицо оближет, адрес нечаянно переврет.

* * *

Вооружившись словарем,
Они зашли в такие джунгли,
В такие лабиринты мысли,
Что если б мы их не прочли,
Они б вовек не отыскались.

Сначала им приснилась жизнь,
Потом пиджак из секонд-хенда
На выходе им выдал негр,
Почтительно предупредив,
Что положенье изменилось:

В губернский город Эс пришла
С правительственной телеграммой
Весна-красна. Берись за нож,
Закрой словарь на слове «вечность»
И отвори березам кровь!

* * *

Голоса на площади стоят
По колено в новостной программе,
Деревянный, словно пистолет,
Город в инкрустированной раме,

Выдавив кристальную слезу,
Говорит мне: я с тебя не слезу —
Кто-нибудь в строительном лесу
Протирает оптику обреза.

Синегрудый ласковый певец,
Пересмешник полицейских трелей...
А кому быстрей придет конец,
Не узнаешь у жежешных троллей.

Встретишься на площади у елей,
Греешься у вечного огня,
Провожаешь девушку без цели —
Никуда не деться от меня.

* * *

Огненный дуб с раздвоившимся стеблем —
Стерпится-слюбится — так одинок,
Вот и стоит неусыпным констеблем
На перекрестке пустынных дорог.

Все остальные деревья по пояс
Плавают мелко в больной синеве.
Желтые листья, бульварная повесть,
Молча сгорают в прохладном огне.

А не покажется к ночи прохожий,
Сделают выбор всегда за него
Шарик чернильный с гусиною кожей,
Тайный грибник, грузовой коневод.

*   *   *

Цепочка среднего звена,
Пойдешь направо, песнь заводит —
На госдотации заводик,
И у вопроса есть цена.

Налево, сказку говорит,
С утра в налоговую пишет.
Там чудеса, там крестик вышит,
И каждый третий — инвалид.

Там о заре нахлынут орды,
Там пахнет не валютой твердой,
А тем, что я недавно пил,
Когда я кот ученый был.

* * *

Станешь есть пироги с человечинкой жирной,
С червоточиной сны электрических груш,
Будешь ложкой зачерпывать не до краев
Нашей родины, как океан, необъятной —
И отыщется в гуще бобовой на дне,
И откроется тайный узор на фарфоре,
Фиолетово-бледный ковер из фиалок...

* * *

Не во храме молитву творити —
Из охраны ушел в сторожа,
Был обычный безвестный воитель
С обнаженным железом ножа,
Стал печататься в толстых журналах,
Столоваться у важных гостей.
А потом для центральных каналов
Из колонки смешных новостей —
Не прогнулся, не сделался выше,
Все отверг и небесных даров,
Проезжая по речке Камышин,
Отвечал: будь здоров, будь здоров!

* * *

Шире шаг, — сообщает тебе проводное,
Обещает какой-нибудь утром прогноз.
И великое царство уходит на дно, и
На запа́сном стоит паровоз.

Рыбье стадо, пройдя сквозь кусты ламинарий,
Не особенно ленится с пеной у рта —
Там мораль, словно песенка, снится в финале,
Голубая сияет звезда.

Сорвалась, словно петелька с ворота шубы —
Только бьющийся к счастью ответит фарфор.
Вдох и выдох сквозь плотно несжатые губы,
Чтоб продолжился наш разговор,

Чтоб отправить молчанье его громовое
В необъятное небо непрожитых дней.
А свекольная кровь и зерно кормовое
Только сделают духом сильней.

*   *   *

Ночью воют хрустальные волки,
В простыню замотавшись луны,
Свет на кухоньке, мышь недомолвки,
Белый парус мятежной жены.

Это в облаке город Арбатов
Пролетает над поймой реки
Там, где приняли по ста на брата
Однояйцевые моряки
И заснули в нелепом сраженье
С телом, вдруг обретающим вес,
С тихим скрежетом, без выраженья
Выпадая из скользких небес.

* * *

Мы дышим, и, что называется воздух,
Толченым стеклом заедает себя,
Всегда облегчение — кто-нибудь с возу,
И падает снег, за рукав теребя.
И речь не слышна, но дымок разговоров
Уходит с теплом, достигая высот.
Однажды в холодную зимнюю пору
Внутри закипает, как жидкий азот —
...Съезжаются, словно назначив охоту,
Костер затевают у самой реки
И ложкой мешают прозрачное что-то,
Пока не прервали дыханье курки.

* * *

В колонне кашляют, и слышно, как далекий
Им отвечает голос глуховатый —
В пуховике китайском безразмерном,
Всем нравится, как деревянный рубль.
Пойдем сквозь строй мышиного письма:
Хрустальный город, чуткий, как макдональдс,
Столбы и те сегодня дружелюбны —
Привет снегоуборочной улитке!

В крови билирубин, засвечен кодак,
С балансом белого беда в отдельно взятой
Стране, куда заходят, как к себе,
В плаще и шляпе по тогдашней моде.
Кому пропущенные буквы эти
Чеканят ритм? Мицелий мироточит.
В борьбе за Оскар как один умрем...

* * *

Краснокожий брат в пух и перья — вжик,
Запускает свой боевой топорик,
Кохинором трогает скальп историк,
Под лежачий камень вода бежит.

Бледнолицый думает по слогам,
Налицо опять результат жиллета.
Юнкер Шмидт, стреляясь из пистолета,
Говорит: или вошь, или балаган.

Но бесцветный, в общем-то, никакой,
Гражданин за дверью в одежде штатской —
Он кому-то делает знак рукой,
И уже без разницы, принц мой датский.

* * *

На улицах появляются странные существа:
Глаза на затылке, перевязанная голова;
В одной руке барсетка, а в другой ничего,
И опыт хождения бечевой
За три моря с бутылкой за тридцать рэ.
Хорошая трын-трава растет во дворе!

Не оглядывайся, не бойся, иди себе,
А другому не делай ни добра и ни зла.
Вот уже один из них песню запел,
Вместе с пивом проглатывая слова.

В полночь весь снег превратится в нефть,
Золушка — в принца, а карета — в такси.
И только садовник будет смотреть,
А зачем, не спрашивай, но хочешь, спроси.

*   *   *

Только ночь простоять, только день продержаться.
Взвесь над выжженным полем стоит, как в парной.
А у самого леса скелет дилижанса
И осипший рожок с близорукой луной.

Позовут мертвецов на большую подмогу,
И с погнутою саблей встает впереди,
Ледяную на время покинув берлогу,
Почтальон и с наполненной сумкой летит.

На истлевшую форму садятся снежинки.
Спят в окопах бойцы или слушают вальс.
Что-то щелкает и задевает пружинку —
Левитан объявляет, что жизнь удалась.

* * *

Если б не маковая росинка,
Сил не хватило бы перейти.
Или песчинка внутри ботинка —
Что там белеется впереди?

Не разберешь, но однако кости
Станешь бросать — выпадает шесть.
Ну как пожалуют ночью гости,
Что будем пить и чего им есть?

Но из таинственного оттуда
Спрашивают о дыре в стене
Так, что позвякивает посуда,
Шерсть поднимается на спине.

Если б не маленькая заминка,
Гром бы не грянул по счету три,
Есть перепрятанная тропинка,
Что-то чернеется там внутри.

*   *   *

Очаг, нарисованный на холсте.
В очах — заштрихованный дождевой —
Когда возвращаешься из гостей, —
Край неба над самою головой
Не так иллюзорен, как сер и тускл,
И пленочка может порваться вмиг.
Над кнопкой у лифта сияет «пуск»,
И двери захлопывает тайник.

Куда нас отправят, немудрено
Тебе угадать — нажимай этаж,
И выйдешь в ту сторону, где темно
И даже словами не передашь.

*   *   *

Небо вылизывает щенят,
А на прищепках штаны висят.
То есть там от подтяжек осталось
Больше, чем от владельца ног.
Ничего — это бух. итог.
Здравствуй, мое предприятие некоммерческое!
С печалью гляжу я на будущее твое,
Когда через стенку слишком человеческое
Круглые сутки не устает.

* * *

Ляжешь в Самаре, проснешься в Твери:
Рыба-кровать подплывает к двери.
Эта стоянка была коротка,
Но проводница пришла с холодка
И до сих пор пектусиновый лед
Нервно глотает, аж горло дерет.

Все позабудешь, вернешься один
Под монотонное пенье пружин.
К рыбе-кровать подбирается стул,
Сядь, помолчи, что вчера утонул
В проруби некто, гуляя сам-друг,
Не вынимая карманов из рук.

* * *

Хирургически точный надрез:
С потрохами трава у реки
Переварена, съедена без
Соли снежной, перцовой пурги.

Лучевую почистили кость
И опять завернули в рукав.
Небо тоже прозрачно насквозь,
Только месяц лукав.

Значит, жизненно важный задет,
Но как новенький с маленьким швом
Ты за воду плати и за свет,
Чтобы помнили, как о живом.

*   *   *

Зима в прямом эфире кашляет,
И снег предательски хрустит.
И дерево кивает каждому,
Без предъявления впустив

Туда, где празднуют безмолвие,
Где слов насыпанный сугроб,
Где замороженные молнии
Хрустальною указкой в лоб

Прицельно бьют — для усвоения
Азов — тупого школяра.
Вращая ручку настроения,
Мне кажется: теперь пора —

Пойдем от берега до берега,
Как пилигрим и пилигрим,
И птиц веселую истерику
Одним движеньем прекратим.

*   *   *

Труба заводская пускает клубы,
Пейзаж расчленен на шары и кубы.
И снег не пытается сгладить,
И площадь, как первый оладий,
Лежит комковатая в белых буграх —
Такими торгуют на каждых углах.

Но серое облако лампа коптит,
Край скатерти лапа кошачья когтит,
А снег, не пытаясь перечить,
Бинтует, вправляет и лечит,
Старается, словно безумный маляр,
Комар малярийный, Малевич а-ля.

Вот музыка толстых в пушистом дыму.
Блины — и оладушки тоже — кому?
И снежные хлопья на площадь
На завтрак слетаются тощий,
Как стайка частиц, облепляют анод,
Квадратное катят, поют мимо нот.

* * *

Молодой кракодил пятидесяти лет
хочет зависти себе друзей

Треугольник неба с паром кучевым
Выгладит долину где-нибудь зимой.
Посмотри, как вьется, исчезая, дым,
Искорки — пунктиром вверх по осевой.

Сахарные птички тают на свету,
И листва, как книжка, брошена в огонь,
Чтобы, помолившись, видеть сквозь звезду
Свежеиспеченный голубой вагон.

Там сидит печальный горе-кракодил
Молодой, как дембель в коже и парче,
Он вчера на дальней станции сходил
С левым эполетом на одном плече.

С чебурашкой водки прыгающий стол,
Где-то в коридоре сонный проводник
К делающей мостик девушке с шестом
В шортах трикотажных с маечкой в одних.

В доме огня

1.

Летнее ледяное,
Поговори со мною,
Пеною исходя,
Смыслами, как дитя
Камушками, играя,
Передавая свет —
Той, что бежит по краю,
Не оставляя след.

Бедное лубяное,
Загороди стеною
Нас от реки огня,
Заговори меня,
Лисьим хвостом сметая
В теплое море тьмы —
Лечишь ожог сметаной
В прутьях чужой тюрьмы.

2.

Там — молочный туман, сквозь который
Проявляются контуры дня,
И, когда тормознешь на повторе,
Видишь паузу в доме огня,
Как глоток безвоздушного неба,
Одуванчика сломанный ствол.
И ресниц продирается невод
В облаках, одолев волшебство
Второсортное, ибо неброско.
Выгорает, как радужка, глаз,
И летит с парашютами войско
На вселенскую битву за нас.

3.

В безымянном городе без спичек
У прохожих спрашивают соль,
А они протягивают нож.
И стоит в железном гараже,
Каменного пола не касаясь,
Тишина, похожая на снег,
Тает, как проколотая шина,
Но свистит под нос секретный код.
А вокруг нее — дома без окон,
Вместо них включаются экраны
На ежевечерний сериал
В деревянном городе, где нет
Ни души — прохожий, соль и спички,
Повторяясь, как рекламный ролик.

*   *   *

Вопреки бытующему мнению,
Дети видят ангелов неясно —
Как в тумане и по настроению
То зелено-голубых, то красных.

Кошки видят ангелов расплывчато,
Слышат, как, по-своему воркуя,
Тащат в облака они счастливчика —
Новую игрушку дорогую.

Различают речь их похоронную,
Узнают друзей по оперению
Птицы клана в основном вороньего,
Вопреки бытующему мнению.

* * *

Ч. В.

На мартовском льду хоккеист обезумел,
Как буква закона, забывшая шрифт.
Река, наливаясь, меняет рисунок,
Который в дырявой подкладке зашит.

Последний удар по невидимой шайбе,
Хрустит шоколада обертка в руке.
И лед не спасаем дыханием жабы,
И солнце висит, как свисток на шнурке.

* * *

Блаженны, кто ни сном, ни духом,
Кто виноват, что делать нужно...
А Пятачок для Винни-Пуха
Бежит за шариком воздушным.
Под ним шмелиное гуденье,
Над ним пчелиное роенье,
И интересов совпаденье,
И праздничное настроенье.

Те унаследуют колхозы,
А эти — песенки шальные.
И на ветру шумят березы,
Как и деревья остальные.
Он долго притворялся тучкой,
Чтоб подобраться к меду ближе,
Они пырнут его заточкой,
А он в финале взял и выжил.

* * *

Ветром хрустит облетевший камыш,
Берег, рекой превращенный в кисель.
Мимо маршрутная едет газель,
А на обратном пути уже спишь,
Знаешь, что нет ничего за окном,
Кроме деревьев, бегущих назад.
И до моста не кончается сад,
А за рекой начинается дом.

СОДЕРЖАНИЕ